LIG ESPÒ PI GWO A

NBA

Yon liv Branch Crabtree

B. Keith Davidson
JEAN-PIERRE GASTON

Crabtree Publishing
crabtreebooks.com

Sipò Lekòl-a-Lakay pou Moun kap bay swen ak Pwofesè yo

Liv ki enterese anpil kon sa fèt pou motive elèv ki fè efò yo ak sijè enteresan pandan yo ap devlope fasilite, vokabilè, ak yon enterè nan lekti. Men kèk kesyon ak aktivite pou ede lektè a devlope ladrès konpreyansyon li.

Avan Ou Li:

- *De kisa mwen panse liv sa ap pale?*
- *Kisa mwen konnen sou sijè sa?*
- *Kisa mwen ta vle konnen sou sijè sa?*
- *Poukisa map li liv sa?*

Pandan Wap Li:

- *Mwen mande poukisa...*
- *Mwen ta renmen konnen...*
- *Kijan sa sanble yon bagay ke mwen konnen deja?*
- *Kisa mwen aprann jiskapresan?*

Lèw Fenn Li:

- *Kisa otè a tap eseye aprann mwen?*
- *Wap ka banm kèk detay?*
- *Kijan foto yo ak tit yo te ede mwen konprann pi byen?*
- *Li liv la ankò e chèche mo vokabilè yo.*
- *Ki kesyon mwen genyen toujou?*

Ekstansyon Aktivite Yo:

- *Ki pati nan liv la ou pi renmen? Ekri yon paragraph sou li.*
- *Fè yon desen de bagay ou pi renmen ke ou te aprann nan liv la.*

TAB KONTNI

Koupe Anba Panyen An....................................4
Sote Pou Boul La 6
Kòmanse Nan Pozisyon Sant Lan.............8
Gad Pwent An 10
Pi Lwen Pase Arc La 12
Baskèt Boure Yo..14
Defans!...16
Fòt..18
Faz Eliminatwa Yo.....................................20
Gwo Jwè Popilè Yo 22
Kobe Bryant..24
Lebron James 25
Stephen Curry 26
Dwayne Wade 27
NBA A 28
Glosè 30
Endèks/ Enfòmasyon Enteresan..............31
Sitwèb Pou Plis Enfòmasyon Enteresan...31
Kiyes Otè A Ye 32

KOUPE ANBA PANYEN AN

An 1891 nan Massachusetts, Kanadyen Dr. James Naismith te ap cherche kreye yon espò pou elèv yo jwe andedan pou yo rete an fòm tout sezon fredi a. Li kloure yon panyen pèch. Apre chak pwen, yon moun te oblije monte yon nechèl poy yo pran boul la. Solisyon an? Koupe anba panyen a!

Kansas Jayhawks yo nan premye sezon baskèt kolèj yo, te pratike ak antrenè yo, Dr James Naismith.

Dr. James Naismith

ENFÒMASYON ENTERESAN

Muggsy Bogues ki 5 pye, 3 pous (1.6 mèt) ak Manute Bol ki 7 pye, 7 pous (2.31 mèt). Yo se jwè ki pi kout ak pi wo nan tout Asosyasyon Baskètbòl Nasyonal la (NBA). Pandan sezon ane 1987-88, yo tou de te jwe pou ekip baskètbòl Washington Bullets.

SOTE POU BOUL LA

Chak jwèt baskètbòl kòmanse ak yon jwè ki sote pou boul la. Abit la voye boul la an lè a epi jwè ki jwe sant yo goumen pou kontwòl boul la. Ekip ki jwenn boul la kòmanse jwèt la pa atake baskètbòl la.

Tim Duncan, nan ekip Spurs yo, vin pare pou li sote pou boul kont ekip Warriors yo.

ENFÒMASYON ENTERESAN

Le 20 avril 1986, Michael Jordan, nan ekip Chicago Bulls yo, mete rekò pwen jwèt sèl pou yon faz eliminatwa jwèt ak 63 pwen. Ekip li a tap jwe kont ekip Boston Celtics yo.

Después de su última milla, el Range Rover es 85 por ciento reciclable o reutilizable.

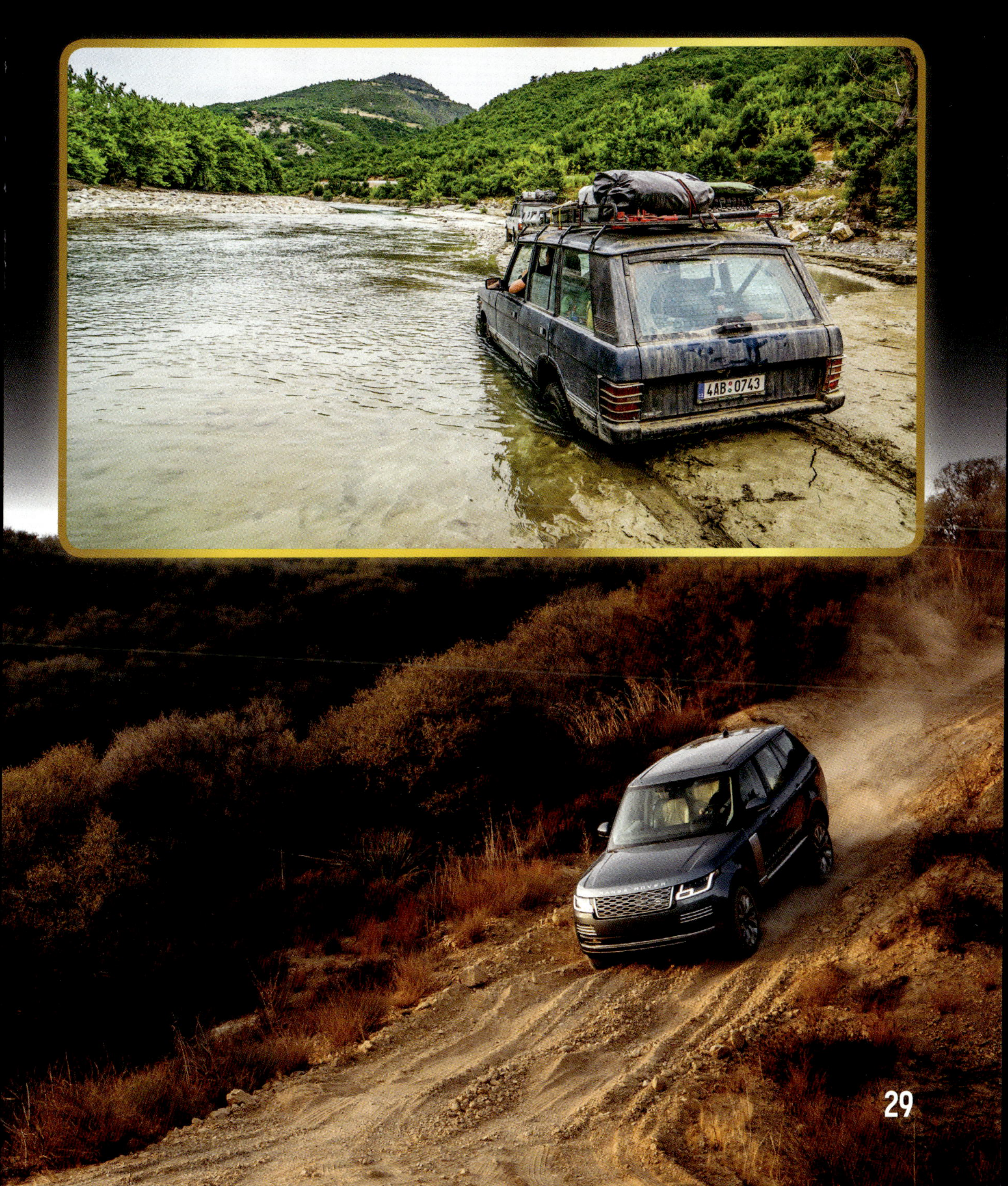

GLOSARIO

consola Un armario o espacio de almacenamiento que normalmente se coloca en el piso.

gradería Conjunto de asientos en un campo deportivo o estadio.

reclinables Que se pueden echar hacia atrás.

suspensión El sistema que conecta el vehículo a las ruedas y trabaja para mejorar el control del conductor y mantener la conducción suave.

SUV Abreviatura de Sport Utility Vehicle (vehículo deportivo utilitario).

todoterreno Viaje en terreno natural.

turboalimentado Que usa un dispositivo para empujar aire adicional al motor y obtener más potencia.

ÍNDICE ANALÍTICO

aluminio 17
asiento(s) 20–22, 25
China 10
Inglaterra : 4
Long Wheelbase 18, 19
motor 8, 12, 13
SVAutobiography 14
tecnología 24
todoterreno 5

SITIOS WEB (PÁGINAS EN INGLÉS):

www.landroverusa.com/vehicles/range-rover/index.html

www.oldcarsweekly.com/blogs/popemobile-become-saintmobile

https://cars.usnews.com/cars-trucks/land-rover/range-rover/performance

www.youtube.com/watch?v=-2X1IWQCWoc

https://thomsonsafaris.com/safari-vehicles/

www.britishmotormuseum.co.uk/explore/temporary-exhibitions/range-rover-exhibition

ACERCA DE LA AUTORA

Tracy Nelson Maurer

Tracy Nelson Maurer ha escrito más de 100 libros de no ficción para jóvenes lectores. Vive en Minnesota, donde conduce felizmente una minivan.

Reconocemos que algunas palabras, nombres de modelos y denominaciones, por ejemplo, mencionados en este libro, son propiedad del dueño de la marca registrada. Los usamos únicamente con propósitos de identificación. Esta no es una publicación oficial.

Produced by: Blue Door Education for Crabtree Publishing
Written by: Tracy Nelson Maurer
Designed by: Jennifer Dydyk
Edited by: Kelli Hicks
Proofreader: Janine Deschenes

Translation to Spanish: Santiago Ochoa
Spanish-language layout and proofread: Base Tres
Print and production coordinator: Katherine Berti

Photographs: Cover: Logo graphic © Shutterstock.com/officeku, speedometer © Shutterstock.com/Panuwatccn, shiny car hood top left on cover and throughout book © Shutterstock.com/ Inked Pixels, Cover Range Rover photo: © Grzegorz Czapski| Dreamstime.com, Title page: ©Grzegorz Czapski| Dreamstime.com, Page 4: ©Radu Bercan / Shutterstock.com(top) ©Oliver Simon| Dreamstime.com, PG 5: ©Jaguar Land Rover Limited (top), -Arianna grande ©Pure DOPE Magazine https://creativecommons.org/licenses/by/3.0/deed.en, PG 6: ©Yauhen_D / Shutterstock.com, PG 7: ©BoJack / Shutterstock.com (top), ©Jaguar Land Rover Limited(midde), ©Tangenta Visuals / Shutterstock.com, PG 8-9: ©Jaguar Land Rover Limited (all) – Tianmen Mountain China Challenge, PG 10-11: ©Jaguar Land Rover Limited (all), PG 12-13: ©Jaguar Land Rover Limited (all), PG 14-15: ©Jaguar Land Rover Limited (all), PG 16-17: ©Jaguar Land Rover Limited (inset), ©Caddy Man / Shutterstock.com, PG 18-19: ©Jaguar Land Rover Limited (all), PG 20: ©Yauhen_D / Shutterstock.com, PG 21: ©Everyonephoto Studio / Shutterstock.com (top), ©Caddy Man / Shutterstock.com, PG 22-23: ©Jaguar Land Rover Limited (all), PG 24-25: ©Jaguar Land Rover Limited (all), PG 26-27: ©Jaguar Land Rover Limited (all), PG 28-29: ©Jaguar Land Rover Limited, PG 29: ©marketa1982 / Shutterstock.com. Special thanks to Jaguar Land Rover Limited for use of images to help educate children using nonfiction/editorial informational texts for improving real life reading skills

Library and Archives Canada Cataloguing in Publication

Title: Range Rover de Land Rover / Tracy Nelson Maurer ; traducción de Santiago Ochoa.
Other titles: Range Rover by Land Rover. Spanish
Names: Maurer, Tracy Nelson, 1965- author. | Ochoa, Santiago, translator.
Description: Series statement: Autos de lujo | Translation of: Range Rover by Land Rover. | Includes index. | "Un libro de las ramas de Crabtree". | Text in Spanish.
Identifiers: Canadiana (print) 2021029423X | Canadiana (ebook) 20210294248 | ISBN 9781039613256 (hardcover) | ISBN 9781039613317 (softcover) | ISBN 9781039613379 (HTML) | ISBN 9781039613430 (EPUB) | ISBN 9781039613492 (read-along ebook)
Subjects: LCSH: Range Rover truck—Juvenile literature.
Classification: LCC TL230.5.R36 M3818 2022 | DDC j629.222/2—dc23

Library of Congress Cataloging-in-Publication Data

Available at the Library of Congress

Crabtree Publishing Company
www.crabtreebooks.com 1-800-387-7650

Published in the United States
Crabtree Publishing
347 Fifth Avenue
Suite 1402-145
New York, NY, 10016

Published in Canada
Crabtree Publishing
616 Welland Ave.
St. Catharines, Ontario
L2M 5V6

Printed in the U.S.A./092021/CG20210616

Ekip lokal San Antonio Spurs yo ap jwe kont ekip ki ap vizite a, Cleveland Cavaliers yo.

Le 14 fevriye 1986 Larry Bird, nan ekip Boston Celtics yo, deside ke li tap fè baskèt yo ak lot men li an nan yon jwèt kont Blazers yo. Li fè 47 pwen nan jwèt sa epi ekip Celtics yo te genyen.

KÒMANSE NAN POZISYON SANT LAN

Sant tankou Wilt Chamberlain, Shaquille O'Neal, ak Kareem Abdul-Jabbar te jwè eksepsyonèl. Yo rele sant yo "gwo gason baskètbol yo" nan yon espò ki pi popilè pou gason ki gwo, travay sant yo enkli **rebondi**, bloke baskètbòl yo, ak **pòs defans** bò baskèt la.

Wit Chamberlain kenbe rekò a pou plis 50-pwen jwèt ak 118, ak plis pwen nan yon jwèt ak 100. Li kenbe 72 lòt dosye, ki se yon dosye pou tèt li.

ENFÒMASYON ENTERESAN

Shaquille O'Neal yon fwa te rate 11 pwen gratis san li fè yon baskèt. Sèl moun ki te janm fè pi mal se Giff Roux, ki te manke 20 pwen gratis san li fè yon baskèt nan sezon 1947-48 la.

GAD PWENT AN

Yo konpare yo souvan ak yon quarterback nan foutbòl, gad pwen an se yon moun ki fè jwet la byen mache. Li rete toupre **tèt arc la** pou li fè jwet ofans lan mache. Yon gad pwen bezwen pou li kapab pase boul la kote li nesesè epi fè jwet antrenè a mache.

Terrell Brandon

Stephen Curry

PI LWEN PASE ARC LA

Fè Yon baskèt ki fet dèyè arc la vo twa pwen. Jwè tankou Stephen Curry itilize itilize jwet twa pwen an pou li domine lig la. Yo pi difisil pase **yon layup** oswa yon baskèt **boure**. Pa gen okenn pwen pi difisil pou fè.

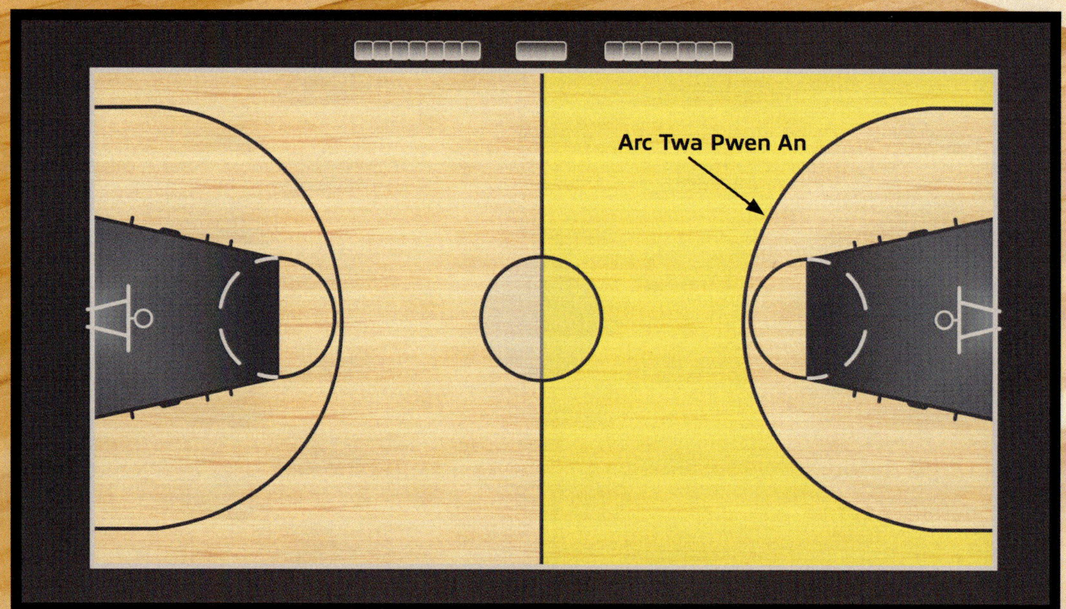

Stephen Curry fè yon baskèt twa pwen kont jwe Detroit Pistons yo Greg Monroe ak 20 segonn ki rete sou revèy la nan estad Oracle la nan Oakland, Kalifòni.

ENFÒMASYON ENTERESAN

Stephen Curry, ki jwe pou Golden State Warriors yo, te fè 402 twa pwen nan sezon 2015-16 la. Li nimewo 3 sou lis pami tout jwe yo ki pi fo nan fè twa pwen yo.

BASKÈT BOURE YO

Baskèt boure yo se pwobableman baskèt ki pi popilè nan baskètbòl. Sote nan lè a pou boure boul la nan baskèt la toujou mete fanatik yo sou pye yo. De men, yon sèl men, vire, oswa vole nan lè a tankou Michael Jordan, baskèt boure a se toujou yon pèfòmans.

Kawhi Leonard

Air Jordans, tenis Nike popilè yo ke Nike te fè pou Jordan menm, te entèdi yon fwa nan lig la. Lig la te fè Michael Jordan peye yon amann $5,000 chak jwèt li te mete yo, men li te oke pou li paske Nike te peye amann yo.

DEFANS!

Defans se yon pozisyon difisil pou jwe nan baskètbòl. Menm deplase pye ou yon move fason ka lakòz pou yon fòt. Menm si ou chwazi **defans zòn** nan oswa defans moun-a-moun nan, jwe defans la ap eseye mete men li nan fason boul la pou li bloke pas yo, bloke baskèt yo, oswa rebondi baskèt yo rate yo.

NEW YORK
33
ROCKETS
LAKERS
24
TURIAF
21

FÒT

Yo rele yon fòt lè yon jwè pa swiv youn nan règ yo. Lè yon jwè espre frape yon lòt jwè, li resevwa yon fòt pèsonèl. Prèske tout lòt bagay se yon fòt teknikal. Nenpòt konduit antispòtif ka vin yon fòt epi bay lòt ekip la eseye pou yon **pwen gratis**.

Menm si sis fòt sipoze fè ou soti nan jwèt la, moun ki ap pran nòt jwèt la bliye di Cal Bowlder ke 13 novanm, 1999. Cal te fini resevwa yon setyèm fòt, ki fè yon lot rekò NBA a.

FAZ ELIMINATWA YO

Nan fen sezon 82 match NBA a, uit pi bon ekip yo ki soti nan konferans lès ak lwès yo reyini ansanm pou faz eliminatwa NBA yo. Tout bagay rive nan yon fen ak ekip ki genyen final la leve Trophy Larry O'Brien nan wo nan lè a.

Jason Terry te mete yon tatoue de twofe Larry O'Brien nan sou bra li anvan li te genyen trofe a. Nan kòmansman sezon an tout moun te panse li te fou, men ekip li a te genyen twofe a ane sa.

Kobe Bryant ap kenbe Twofe Larry O'Brien nan.

ENFÒMASYON ENTERESAN

Jwè NBA yo souvan vini nan lig la soti dirèkteman nan lekòl segondè. Paran Kobe Bryant te oblije ko-siyen premye kontra NBA li a paske li te sèlman 17 an.

GWO JWÈ POPILÈ YO

Yo souvan rele NBA a yon lig gwo aktè yo. Plis pase nenpòt lòt espò, baskètbòl se yon jwèt detèmine pa yon sèl oswa de jwè ki bon anpil.

Magic Johnson

Michael Jordan

Kareem Abdul-Jabbar

Michael Jordan, Magic Johnson, Kareem Abdul-Jabbar, Kawhi Leonard, ak Lebron James, yo tout dirije ekip yo genyen yon chanpyona.

ENFÒMASYON ENTERESAN

Douz se rekò pou pwen baskèt ki fèt san yo pa rate nan yon match eliminatwa. Li te etabli pa Larry MacNeill nan mwa Avril 13, 1975, nan yon match kont Chicago Bulls.

KOBE BRYANT

KARYE 1996-2016

POZISYON

TI JWE ATAKÈ A AK DEZYÈM GAD LA

JWÈT TE JWE	1,346
MINIT POU CHAK JWÈ	36.1
PWEN POU CHAK JWÈT	25.0
REBONDISMAN POU CHAK JWÈT	5.2
ASISTE POU CHAK JWÈT	4.7

LEBRON JAMES

KARYE 2003-PREZAN

POZISYON
JWE ATAKÈ A

JWÈT TE JWE	1,265
MINIT POU CHAK JWÈ	38.6
PWEN POU CHAK JWÈT	27.1
REBONDISMAN POU CHAK JWÈT	7.4
ASISTE POU CHAK JWÈT	7.4

STEPHEN CURRY

CAREER 2009-PREZAN

POZISYON
GAD PWEN

JWÈT TE JWE	699
MINIT POU CHAK JWÈ	34.3
PWEN POU CHAK JWÈT	23.5
REBONDISMAN POU CHAK JWÈT	4.5
ASISTE POU CHAK JWÈT	6.6

DWAYNE WADE

KARYE 2003-2019

POZISYON
GAD PWEN

JWÈT TE JWE	1,054
MINIT POU CHAK JWÈ	33.9
PWEN POU CHAK JWÈT	22.0
REBONDISMAN POU CHAK JWÈT	4.7
ASISTE POU CHAK JWÈT	5.4

NBA A

Baskètbòl se yon jwèt ki gaye sou tout mond lan. Sepandan, pi gran lig nan mond lan se toujou NBA a ak se rèv tout jenn jwè baskètbòl yo pou yo rive nan Asosyasyon an.

Ekip nasyonal Sèbi ak Fenlann jwe yon jwèt.

FUN FACT

Jwe NBA Ron Artest te chanje non li pou Metta World Peace. Se te yon chanjman ki choke mond baskètbòl la. Apre kèk ane li chanje non li ankò pou Metta Ford-Artest.

GLOSÈ

boure: Pou monte ak boul la nan nèt la epi lage li atravè rim baskèt la

defans zòn: Defann yon zòn sou teren baskèt la, men pa yon jwè espesifik nan lòt ekip la

fè yon baskèt: Nenpòt baskèt ki antre nan nèt la ki pa yon pwen gratis

pòs defans: Bloke jwè a ki te nan pozisyon pòs la

pwen gratis: Yon baskèt ki pa konteste dèyè lin fòt la

frebondi: Rekipere boul la apre li rebondi sou rim la oswa tablo dèyè a

tèt arc la: Yon lin mwatye yon sèk ki pentire sou teren baskèt la alantou baskèt la, ke yo rele tou lin twa pwen an

yon layup: Yon baskèt kote boul la woule sou pwent dwèt yo nan nèt baskèt la

ENDÈKS

bloke 8, 16

sant 6, 8

defans 8, 16

boure 12, 14

fè yon baskèt 12, 23

fòt 16, 18, 19

pwen gratis 9, 18

sote pou boul La 6

faz eliminatwa 6, 20, 23

rebondi 8, 16

abit 6

ENFÒMASYON ENTERESAN:

Bill Russell kenbe rekò pou plis NBA chanpyona kòm yon jwè ak 11.

Darryl Dawkins se jwe ki pi popilè pou boure pwisan li yo. Li te bay boure li yo non tankou "Wont Sou Figi Ou" ak "Boure ou anpil."

Toronto Raptors yo te rive nan pòs sezon an douz fwa nan istwa 25 ane yo. Sa se sèl ekip baskètbòl Kanada ki te janm genyen yon chanpyona.

SITWÈB POU PLIS ENFÒMASYON ENTERESAN:

www.hooptactics.net

https://kidskonnect.com/sports/basketball

https://kids.kiddle.co/Basketball

HIYES OTÈ A YE

B. Keith Davidson

Keith Davidson te grandi jwe ak twa frè li yo ak yon pakèt lot timoun nan katye a, li aprann de lavi nan espò ak aktivite fizik. Kounye a li anseye twa timoun li yo jwèt sa yo.

Crabtree Publishing

crabtreebooks.com 800-387-7650

In Canada: We acknowledge the financial support of the Government of Canada through the Canada Book Fund for our publishing activities.

Paperback 978-1-0396-2205-0
Ebook (pdf) 978-1-0396-2211-1
Epub 978-1-0396-2217-3

Printed in the U.S.A./072025/CP20250722

Library and Archives Canada Cataloguing in Publication
Available at the Library and Archives Canada
Library of Congress Cataloging-in-Publication Data
Available at the Library of Congress

Published in Canada
Crabtree Publishing
616 Welland Avenue
St. Catharines, Ontario
L2M 5V6

Published in the United States
Crabtree Publishing
347 Fifth Avenue
Suite 1402-145
New York, NY 10016

Produced by: Blue Door Education for Crabtree Publishing
Written by: B. Keith Davidson
Translated by: Jean-Pierre Gaston
Designed by: Jennifer Dydyk
Edited by: Tracy Nelson Maurer
Proofreader: Ellen Rodger

Photographs: Cover: Top photo © Shutterstock.com/ Oleksii Sidorov, Players © ASSOCIATED PRESS/Jae C. Hong, PG 4-5: Library of Congress PD., PG 6-7: ©Eric Broder Van Dyke/ Dreamstime.com, Noamfein/Dreamstime.com, PG 8 © Jerry Coli/ Dreamstime.com, PG 9: ©ASSOCIATED PRESS/ Matt A. Brown, PG 10: ©Droopydogajna/Dreamstime.com, PG 11: © Jerry Coli/ Dreamstime.com, PG 12: © Photogio/Dreamstime.com, PG 13: © Eric Broder Van Dyke/Dreamstime.com, PG 14 © ASSOCIATED PRESS/Ashley Landis, PG 15: © Jerry Coli/Dreamstime.com, PG 16: © Noamfein/Dreamstime.com, PG 17: © Jerry Coli/ Dreamstime.com, © Jerry Coli/Dreamstime.com, ©Wei Chuan Liu/Dreamstime.com, PG 18: © Dgareri/Dreamstime.com, PG 19: shutterstock.com/ Duplass, ASSOCIATED PRESS/ John Raoux, PG 20 © Vera Iarochkina/Dreamstime.com, PG 21: © Joe Sohm/ Dreamstime.com, PG 22-23: © Jerry Coli/Dreamstime.com, PG 24: © Wei Chuan Liu/Dreamstime.com, PG 25: © Martin Ellis/ Dreamstime.com, PG 26: © Keith Allison/Creative Commons Attribution-Share Alike 2.0 Generic, PG 27: © Dgareri/Dreamstime. com, PG 28-29: shutterstock.com/ Monkey Business Images, © Ivan Pancic/Dreamstime.com